Couvertures supérieure et inférieure manquantes

LUXEUIL

ANTIQUITÉS & THERMES

PAR

ÉMILE DELACROIX,

Docteur en médecine et ès-sciences des facultés de Paris,
Professeur à l'école de médecine de Besançon,
Officier de l'Instruction publique,
Fondateur en 1840, et Président en 1871
de la Société d'Émulation du Doubs.
Médecin-Inspecteur des Thermes de Luxeuil.

LUXEUIL
IMPRIMERIE DE S. BONNET.

1871

VILLE.— ABBAYE.— THERMES.

La ville de Luxeuil, dans la Haute-Saône, au pied méridional des Vosges, était célèbre aux époques celtique et romaine, par les cures attribuées à ses thermes ; elle ne le fut pas moins au moyen âge, par le rôle civilisateur et les travaux de son monastère, fondé en 590 par saint Colomban.

La haute antiquité d'une ville est ordinairement l'indice de quelque condition de territoire assez importante pour avoir attiré vivement l'attention des hommes, soit dans un intérêt de refuge et de défense, soit dans un intérêt plutôt favorable aux arts de la paix. La terre de Luxeuil a dû être remarquée dès les temps les plus reculés par l'ensemble de ses dispositions heureuses : au nord, des collines, dernières ramifications des Vosges, où la forêt se développe avec une rare majesté, et d'où la vue s'étend vers de beaux horizons; au sud, une riche vallée, une plaine bien arrosée et d'une fertilité exceptionnelle, s'étendant à l'ouest vers la Saône, l'*Arar* des anciens. Ce territoire offrait ainsi à nos robustes et premiers pères un magnifique pays de chasse, de pêche, de culture, et peut-être aussi de refuge ; mais, de plus, il possédait des sources chaudes. Or la connaissance des sources chaudes est aussi vieille que le genre humain.

Quoique présentant d'une manière remarquable ce dernier genre de richesses qui, selon Pline, fondent des villes *(urbes condunt)*, Luxeuil n'est mentionné ni dans les itinéraires, ni dans la carte de Peutinger, ni dans les écrits que l'antiquité nous a laissés. Toutefois son existence à l'époque romaine est certaine. Si nous n'en avions pas les preuves que donne chaque jour le sol Luxovien, tout encombré de ruines antiques, nous aurions le témoignage du moine italien Jonas, de Bobbio, qui parle de l'arrivée de saint Colomban à Luxeuil au septième siècle : « Il trouva une forteresse autrefois bien défendue (à huit milles environ d'Annegray, dans la Vosge), qui, dans les temps anciens, avait porté le nom de *Luxovium*, et où se montraient des thermes, ou eaux chaudes, édifiés avec un art excellent. Il y avait là beaucoup de statues de pierre auxquelles les païens avaient jadis rendu un culte profane et criminel, se livrant à leur égard à d'exécrables cérémonies. Mais alors on n'y voyait que des bêtes féroces, des ours, des buffles et des loups en grande quantité. C'est là que l'homme d'élite se mit à élever un monastère. »

Le nom de Luxeuil a varié souvent dans sa forme ; son étymologie, comme toutes celles qui dérivent de la langue celtique, est assez mal connue. Sa terminaison en *euil* est récente ; on écrivait auparavant *Luxeul*; longtemps on avait écrit *Luxeu*, qui est resté le vrai nom dans la prononciation populaire de la Franche-Comté. On lit aussi dans les chartes françaises : *Lixel*, *Lisseul*, *Lixu*. Quant aux formes latines, c'est-à-dire gallo-romaines et du moyen âge, elles ne sont guère moins nombreuses : *Luxovio* dans une inscription votive, *Lossoio* dans une autre, *Lossovio* sur une monnaie abbatiale de saint Valbert. Enfin, dans divers écrits du moyen âge, on voit paraître les formes : *Lissovium*, *Lussedium*, *Losodium*, *Lixui*.

S'il était permis de reconstituer par la pensée l'état en quelque sorte anté-historique du milieu où se trouvaient les eaux minérales de Luxeuil, on ne verrait dans cette petite vallée latérale à pentes douces, qui va mourant dans la plaine, qu'un ruisseau lent, formé d'abord de la réunion de quelques sources d'eau vive en amont de la forêt, s'enflant et s'embarrassant peu à peu d'eaux et de boues ferrugineuses données par les bancs de grès, bouillonnant et s'élargissant aux points où du fond des granites jaillissent des jets d'eau salino-thermale, et se couvrant de mystérieuses vapeurs. De l'eau chaude émergée des entrailles de la terre, des bassins fumants sous un dôme de chênes, d'aunes et de hêtres, si vigoureux dans la contrée, il n'en fallait pas plus, assurément, pour frapper l'attention des hommes primitifs et leur inspirer des sentiments de vénération et de terreur religieuse. Dans tout pays où régnait le druidisme, cette religion qui avait, malgré la barbarie de ses sacrifices, l'immensité de la nature à sa base et Dieu à son sommet, de pareils lieux sont devenus de bonne heure des centres de population.

Monuments gallo-romains. — D'anciennes voies dont on retrouve les traces au sud, l'une dans la direction de Ronchamps, sur la commune de la Chapelle, où plusieurs bornes milliaires ont été découvertes, l'autre sur Ehuns et Visoncourt, où sont aussi de nombreux restes d'antiquités, mettaient en communication Luxeuil, d'une part, avec Mandeure (*Epomanduodurum*); d'autre part, avec les rives gauches de la Saône et avec Besançon. — En se rapprochant de la ville, les routes, après avoir franchi la rivière de la Lanterne, se réunissaient en passant le Breuchin en une unique et large voie, construite d'une épaisse couche de gros gravier, qui s'élève du sud au nord sous la principale rue de la ville actuelle. Au nord, dans la direction de Fontaine, on voit reparaître la ligne de gravier. Cette voie, passant par Anjeux, tournait à l'ouest sur Langres (*Andomatunum*). Un autre embranchement se dirigeait à travers les vallées d'Ajol et d'Ogrone, qui sont perpendiculaires à celle de la Moselle; mais, pour aborder cette dernière vallée, une voie romaine, obliquant à l'est, occupait les hauteurs intermédiaires. En effet, si nous suivons sur ces hauteurs la trace des lieux dits *la Croisette, les Charrières*, qui sont entre Plombières et Val-d'Ajol, nous trouvons les restes d'un très-beau dallage de voie romaine en blocs de grès, dans la direction de Remiremont.

Aux abords de *Luxovium*, les sépultures étaient placées, selon l'usage, le long de la voie. *Le Champ-Noir* occupait là principalement la place actuelle de Saint-Martin, où fut la très-ancienne église de ce nom, qui a reçu le corps de saint Valbert. On y a trouvé des débris d'architecture d'un ancien temple, et partout des tombes chrétiennes superposées à celles de l'antiquité. C'est de là que viennent la plupart des pierres tumulaires conservées à Luxeuil, et qu'on voit rangées sous la galerie des bains. En 1229, on avait extrait une telle quantité de ces monuments, qu'ils avaient servi à faire les fondations des remparts de la ville.

Parmi les inscriptions nombreuses qu'à données le sol de décombres, la première en date est celle-ci : LIXOVII THERM. REPAR. LABIENVS IUSS. C. IVL. CAES. IMP. Mais elle est d'une authenticité tellement contestée, qu'il est regrettable qu'on en ait voulu faire l'acte d'état civil d'une station si riche d'ailleurs en vieux souvenirs. Il n'en est pas de même de la suivante : LVXOVIO ET BRIXIAE C. IVL FIRMANIVS V. S. L. M. ; ainsi que de celle-ci : LVSSOIO ET BRICIAE DIVICTIVS CONSTANS V. S. L. M.

L'association de ces deux noms, *Luxovium* et *Bricia*, dans un même *ex-voto*, est sans contredit pour Luxeuil d'un grand intérêt. Beaucoup de savants avaient essayé de l'interpréter. Elle prouvait au moins l'existence d'un ancien culte à deux divinités locales, invoquées par les malades fréquentant la station. Tout indique aujourd'hui, que la double attribution s'applique aux deux sortes d'eaux du lieu. Des fouilles considérables, faites en 1857 et 1858, ont démontré qu'à l'époque antique, les sources ferrugineuses de la station avaient été l'objet d'une exploitation non moins importante que celle de leurs voisines, les sources thermales proprement dites. Ainsi s'expliquerait l'épithète *auxiliaris*, accompagnant dans une autre inscription le nom de *Bri-*

cia. — La séparation des eaux était bien distincte, mais elles se prêtaient un secours mutuel.

Quand on a fait les travaux de nivellement du parc, en 1858, on a découvert, sur l'emplacement d'un ancien forum, un petit autel votif, haut de 95 centimètres et d'un beau style, dédié à Apollon et à Sirona. A l'opposé de l'inscription est un sacrificateur nu, le bras levé et armé d'un court coutelas. Sur chacune des deux autres faces est un personnage dont l'un porte des brodequins larges et à bouts pointus, comme on les retrouve aux pieds des personnages sculptés de toutes les pierres tumulaires de Luxeuil.

Ici, comme on le voit, la consécration du monument cesse d'avoir un caractère exclusivement local. Elle s'applique à Apollon et à une nymphe des eaux, Sirona, dont le nom se retrouve en différents lieux, ordinairement associé à celui d'Apollinus Grannus, l'Apollon de la médecine.

Les nombreuses pierres tumulaires rangées sous la galerie des Thermes sont généralement ornées de figures en relief se détachant d'un creux, la plupart aussi avec des inscriptions. Ces figures ont toutes le costume complet, gaulois ou romain, la longue blouse ou la toge. Elles ont dans les mains des vases funéraires, pots et coupes de forme variable, des paniers ou des coffrets à anses, des offrandes, des outils et jusqu'à des ustensiles de toilette. Plusieurs dames romaines emportent dans l'autre monde un petit miroir. Aux pieds de l'une d'elles est la louve accroupie. L'exécution de ces monuments nous montre l'art à tous ses degrés, depuis la grande facture du sculpteur éminent jusqu'aux plus modestes essais du simple tailleur de tombes. On y voit l'attitude de la danseuse à côté de celle de la matrone sénatoriale ; mais généralement elles sont empreintes d'une sorte de gravité mystique, indiquant bien le passage de l'une à l'autre vie. Ce sont les figures les plus gauloises qui offrent le mieux ce caractère. Des professions très-diverses paraissent aussi avoir là leurs représentants. Un sculpteur y tient sa gouge, un campagnard son fouet. Aux pieds de ce dernier, l'inscription, mal lue et mal interprétée d'abord, indique, selon toute probabilité, la tombe d'un *Musinus, laboureur, fils d'Ælius.*

Suivant les archéologues, la plupart de ces pierres seraient du temps des Antonins et se rapporteraient principalement au deuxième siècle. Il en est quelques-unes qui se terminent en arc aigu, semblables à celles qu'on a trouvées aux environs de Saverne. Telle est celle qui porte une petite déesse Epona ; latéralement assise à cheval.

Beaucoup d'autres objets d'une antiquité plus reculée se trouvent à Luxeuil, notamment des figurines en bois de chêne, découvertes près d'une des sources, à 150 mètres environ au nord de l'établissement thermal. Ces curieuses figurines, la plupart coiffées d'un capuchon, les autres à tête nue sculptée avec un certain goût, et portant pour collier un grand anneau ouvert à bouts renflés, formaient là un amas de 40 centimètres d'épaisseur sur 12 mètres de longueur. Elles étaient entremêlées de cendres, de débris de bois brûlé, de tessons de poterie gauloise, et déjà de quelques vestiges romains.

Quant aux poteries diverses et ustensiles qu'on a pu recueillir dans tous les étages des remblais de la station, ils ont été tellement variés, d'époques si différentes et trouvés en telle abondance, qu'ils sont la preuve non-seulement de l'ordre non interrompu dans lequel se succédaient à Luxeuil les générations anciennes, mais de la grande fréquentation du lieu. Après les épais fragments de poterie gauloise, brute, noire, plus ou moins grossièrement malaxée et à courbes inégales, ou plus régulière et ornée de lignes en zigzag, se montrent les tessons de fine pâte rouge, unie, dont les profils, d'une pureté sévère, rappellent les beaux temps de l'art gréco-romain ; puis les mêmes terres avec des reliefs représentant des courses, des combats, des chasses, des animaux , des fleurs, quelquefois des têtes d'hommes ou de femmes qui paraissent être des portraits de princes d'une plus basse époque. C'est à ces terres rouges, souvent sigillées, qu'appartiennent les signatures CIBIS, IANVARIVS, NICIA, PAVLIANUS, PERAS, OF.BA S SI, qui sont aujourd'hui au Musée de Besançon.

A Luxeuil même, comme l'indique un très-beau fragment de moule, on fabriquait de cette belle poterie rouge, fine, lustrée, à reliefs, qui semble marquer partout le passage de la civilisation romaine, et qui paraît avoir été le résultat d'un mélange connu traditionnellement, et fait à peu près partout de même par les potiers romains.

Tous les auteurs qui ont écrit sur les antiquités de la ville s'accordent à mentionner l'immense quantité de monnaies qu'on y a trouvées. D. Grappin nous dit, dans ses *Recherches sur les anciennes monnaies du comté de Bourgogne* : « Luxeuil a fourni dans ces derniers temps assez de monnaies romaines pour en faire un médaillier aussi considérable que celui de la Bibliothèque publique de Besançon. » Ainsi, chose assurément remarquable, en 1782, Luxeuil avait des médailliers aussi riches que ceux de la capitale même de la province.

Au souvenir de tant de monuments, la plupart dispersés par le brocantage, et qu'on tirait au siècle dernier du sol luxovien comme d'une carrière en exploitation, à la vue de ce qui se présente encore dans les travaux qui mettent à nu certaines parties non explorées des remblais, quelque opinion qu'on se forme des vieilles origines de Luxeuil, on ne saurait disconvenir qu'il a joui, au moins comme établissement thermal, d'une très-grande considération sous l'empire romain. — Les bassins antiques, découverts aux différentes époques de construction des bains modernes, étaient ou circulaires ou quadrilatéraux, pavés d'albâtre et de mosaïques. On y voyait des stalles creusées dans le roc, des voûtes en tuf. Cinq belles salles de bains auraient été ainsi exhumées, vers les points d'émergence des principales sources salino-thermales. Mais ce que chacun a pu voir, il y a quelques années, à l'est des bains, où sont les sources ferrugineuses, ce sont les remarquables ruines, pilastres et colonnes, qui régnaient sur une immense galerie établie pour la surveillance et le captage des eaux. Le tout était entremêlé de longues pièces de bois à demi brûlées et de tuileaux romains.

Il devient évident par là que le principal système adopté pour les constructions latérales des Thermes de Luxeuil associait largement le bois à la pierre du pays. Derrière des groupes de colonnades étaient de longs portiques, formés de piles en grès couronnées de sablières et portant de vastes combles.

Il est hors de doute que la statuaire antique avait là aussi plus d'une merveille, beaucoup de statues de dieux, dont parle Jonas, et au moins des bustes nombreux de grands personnages du temps. Celui de Lucius Verus, qu'on voit à l'Hôtel de ville, fait regretter vivement les ravages des invasions barbares dans la station.

On sait ce qu'étaient devenus, déjà bien avant Attila, les pays entre Saône et Rhin, que les successeurs de Constantin ne pouvaient plus défendre. Il n'est donc pas extraordinaire que Colomban, quand il vint aborder le territoire de Luxeuil en 590, n'ait trouvé là, comme on l'a dit, qu'un lieu désolé et en quelque sorte rendu à l'état de nature, où erraient plus d'animaux sauvages que d'habitants humains.

Mais grande était sans doute la foi de Colomban et de ses douze compagnons de labeur, en abordant un pays où la forêt commençait à couvrir toute trace de civilisation. Ils venaient de traverser en missionnaires du Christ les Gaules, où ils s'étaient probablement aguerris contre plus d'un danger ; ils sortaient de la grande école de Banchor, fameux monastère dirigé par Congall, dans l'Irlande, alors surnommée *l'île des saints*, tant le christianisme, apporté par saint Patrick en 431, s'y était substitué rapidement au druidisme. On nous représente le nouvel apôtre comme attaché fortement à son Église, plus celtique que romaine. Il tenait aux habitudes nationales, même à propos de sa tonsure, qui n'était pas circulaire et allait, découvrant complétement le front, de l'une à l'autre oreille.

Nous le voyons d'abord fondant près de Faucogney le monastère d'Annegray, qui fut bientôt insuffisant, puis celui de Luxeuil qui devint le grand centre ; et enfin celui de Fontaine. Allant de l'un à l'autre, excitant partout les travaux de défrichement et de culture, l'étude des lettres anciennes et des sciences de son temps ; ne laissant place dans sa règle que pour la prière et le travail, il fut sans contredit le restaurateur sévère d'un pays qu'avait ravagé la barbarie. Aussi la réputation de son école grandit-elle au point quelle attira bientôt une foule de personnages des familles les plus considérables des Gaules.

Au milieu de ses travaux civilisateurs, Colomban semblait entraîné à rechercher les impressions de la vie au grand air, et cette liberté profonde des solitudes de la nature si favorable à la méditation. Souvent on nous le représente se retirant *au désert*. Comme à ce propos il est question d'une pêche malencontreuse sur l'Ognon, miraculeuse sur le Breuchin, que fit saint Gall pendant un séjour au désert, on peut en conclure que ce lieu était entre les deux cours d'eau, sur les hauteurs les plus arides qui séparent Faucogney de Servance. Mais la retraite favorite du maître était une caverne, dont il avait pris possession après en avoir chassé un ours. Tout fait présumer que cette caverne est un abri en forme d'encorbellement dans le grès vosgien, qu'on trouve au sommet de la montagne, à proximité de Breuches-lès-Faucogney. Là existe encore une petite chapelle dédiée à saint Colomban. Une source est au fond de la grotte. Du haut de la montagne s'ouvrent à la vue d'immenses horizons ; au sud sur le Jura, à l'est sur les ballons des Vosges. Au pied passe la belle vallée du Breuchin. A quelques milles, au fond d'une gorge pittoresque, on voit distinctement tout le territoire d'Annegray.

L'opposition qu'avait soulevée la doctrine de Colomban parmi les évêques n'avait pas eu d'abord des suites bien graves. Thierry II, roi de Bourgogne, montrant pour l'abbé de Luxeuil la plus haute estime, souvent lui rendait visite et lui demandait ses prières. Mais un jour arriva Brunehaut, exilée d'Austrasie, et voulant en passant visiter le monastère, où elle ne put pénétrer. Est-ce à dater de ce jour que l'orgueilleuse reine devint l'implacable ennemie du saint homme ? Elle l'attira à la cour de Thierry, dont elle essaya par surprise de lui faire bénir les enfants illégitimes. On connaît le refus de l'homme de Dieu et l'anathème d'exhérédation dont il osa frapper la progéniture du roi. En attendant que sa prédiction s'accomplît, il fut livré à la persécution et condamné au bannissement. Thierry lui-même, se rendant à Luxeuil, voulut exécuter la sentence ; mais, effrayé de nouveau de l'attitude de Colomban, il laissa à d'autres le soin de l'arrêter. Ainsi fut arraché le fondateur du grand monastère à ses travaux et à sa terre de prédilection. C'était en 610. On présume, d'après son épître en vers latins à Fédolius, qu'il avait alors soixante-six ans.

C'est à Luxeuil que se formèrent la plupart des hommes illustres dans l'histoire religieuse du septième et du huitième siècle : saint Gall, saint Omer, saint Bertin, saint Valbert, etc., etc.

La renommée du lieu baissa lorsque la règle de saint Benoît y fut substituée à celle de saint Colomban.

Dans l'antiquité, les principales constructions de Luxeuil étaient autour des Thermes; au moyen âge, elles se sont groupées autour du monastère, en s'enveloppant de fortifications ; elles tendent aujourd'hui à reprendre au nord leur ancien développement.

Luxeuil n'a pas souffert autant que d'autres villes de Franche-Comté dans les luttes meurtrières qu'eut à soutenir cette malheureuse province avant son annexion à la patrie française. Aussi trouve-t-on là quelques maisons particulières du quatorzième siècle ; beaucoup datent des quinzième et seizième, conservant leurs escaliers en tourelles, leurs fenêtres à meneaux, avec tous les profils d'architecture du vieux temps, principalement ceux de la fin de l'art gothique. Au centre, et au point le plus élevé, domine un édifice flanqué de tourelles, d'une grande élégance et très-bien conservé, ayant appartenu à Jean Jouffroy, cardinal, abbé de Luxeuil et de Saint-Denis en France, qui fut très-engagé dans les confidences de Louis XI.

L'église primitive de Saint-Pierre, bâtie par Colomban, a subi bien des ravages et plus d'une transformation. Réédifiée sous l'abbatiat de Gérard II, au douzième siècle, elle a dû être relevée presque entièrement par Eudes II de Charenton, soixante et unième abbé de Luxeuil, en 1330. Il en fut de même du cloître, dont l'aile septentrionale a été construite à la fin du quatorzième siècle.

Quant aux Thermes, depuis 1853 ils appartiennent à l'État, qui leur a rendu, s'il ne les a surpassées, l'élégance et la splendeur antiques, en y joignant le confortable des temps actuels. Leur reconstruction, commencée par la ville, de 1761 à 1768, a été reprise dans ces dernières années avec une activité nouvelle, principalement en ce qui concerne l'emploi des richesses hydro-minérales ferrugineuses de la station.

Toutes les piscines de Luxeuil sont entretenues directement par des sources salino-thermales, ce qui est d'un grand avantage pour assurer la régularité du traitement, quand les bains prolongés sont nécessaires. Les différentes parties de l'établissement, quoique notablement transformées, ont conservé les dénominations anciennes de *Bain des Bénédictins*, *Bain des Dames*, *Bain des Fleurs*, *Bain Gradué*, *Bain des Capucins*, *Grand Bain*; mais le *Bain Impérial ferrugineux* est sans contredit le plus remarquable. Toutes ces divisions contiennent en outre environ quatre-vingts cabinets, revêtus de faïence blanche, ou de panneaux des plus belles nuances que puissent fournir les magnifiques tables du grès bigarré. Cette décoration naturelle est en même temps la caractérisation la plus accentuée de la station minérale.

La ville de Luxeuil, au centre d'un hémicycle de forêts qui l'abritent au nord, est assise à une altitude de 339 mètres sur une dernière colline ondulée des monts Faucilles, qui vont mourant à l'ouest des ballons des Vosges. Au midi, la vallée du Breuchin, large de plus d'une lieue et chargée d'alluvions, se relève vers une première ligne des chaînes jurassiques. Mais la constitution géologique de la région se rattache principalement à la grande formation du trias : *grès bigarré*, *muschelkalk* (calcaire coquillier.), et *marnes irisées* (keuper). Sous la ville même, à part quelques lambeaux d'un argile tertiaire qui fournit la terre aux potiers du pays, on ne trouve que le grès bigarré sur une épaisseur de 18 à 19 mètres. Il est assis là, comme dans la plus grande étendue du pourtour des Vosges, sur le *grès vosgien*, qui lui-même repose directement sur le granite. On comprend que les dépôts arénacés des vieux âges de la terre, étendus autour des Vosges, aient suivi en s'y rattachant les sinuosités de leurs massifs ; ils ont, de plus, pris part à tous leurs mouvements postérieurs, subissant des exhaussements ou de profondes déchirures.

En ce qui concerne la minéralisation des eaux de Luxeuil, il faut tenir compte des formations qui se montrent au sud et à l'ouest. On y trouve dans les eaux minérales émanées de fond, c'est-à-dire du granite et à travers les grès, non-seulement ce qu'ont fourni le granite et les grès, mais ce qu'ont pu donner, par des communications souterraines latérales, les deux étages supérieurs du trias, notamment le chlorure de sodium en proportion dominante, ce qui a fait ranger les eaux salino-thermales de la station parmi les *chlorurées sodiques*.

De plus, à Luxeuil, une disposition particulière des grès bigarrés, sur une grande longueur à l'est des bains, forme une sorte de barrage qui ralentit la marche latérale des eaux de surface qui s'étaient engagées dans les grès ; et grâce à ce ralentissement, l'acide carbonique d'émanation souterraine a le temps d'intervenir largement pour la constitution d'une eau mangano-ferrugineuse attiédie par le voisinage des courants thermaux.

Ainsi, les eaux minérales de la station ont une

double origine, et conséquemment une double nature, que les anciens avaient déjà distinguée ; on conçoit dès lors qu'elles se prêtent à des applications diverses, ou qu'elles puissent, en certains cas, concourir à un même traitement. (1)

Donnons-en quelques exemples :

TRAITEMENT MIXTE.

Il n'est pas rare qu'on fasse usage à Luxeuil de l'eau mangano-ferrugineuse en boisson, pendant qu'on se livre d'autre part au traitement salino-thermal le plus complet. Quand cette méthode n'est suivie que par esprit d'imitation, ce qui pour beaucoup de personnes est un motif assez déterminant, on s'expose à ne tirer de la cure aucun résultat, si ce n'est de la fatigue ; mais le monde est plein de gens qui croient encore que le remède est tout, que la manière de l'employer n'est rien. De là beaucoup d'erreurs de bien des genres, dont on a écrit et dont il resterait à écrire des volumes.

En ce qui concerne le sujet actuel, il est hors de doute que dans la majorité des cas les deux médications, l'une plus ou moins entraînante et

(1) Magasin Pittoresque, Septembre 1869.

l'autre analeptique, employées simultanément semblent se neutraliser; mais alternées à propos, ou succédant l'une à l'autre, c'est tout le contraire.

En juin 1867 arrive à la station, entre autres officiers de marine, M. X., qui six mois auparavant avait eu la fièvre jaune au Sénégal. Il a le teint cuivreux et bizarrement diapré, de la diarrhée fréquente, quelquefois de la céphalalgie, une grande maigreur; il manque absolument d'appétit; l'insomnie, l'agitation, quelquefois la fièvre le fatiguent; un grand abattement s'en suit. Pendant la première semaine, il est soumis à la médication salino-thermale dite alcaline : bains, eau minérale *d'Hygie* en boisson; puis graduellement quelques douches généralisées. C'était la période d'entraînement. Déjà le teint semble s'éclaircir; les sécrétions se régularisent, l'appétit revient avec le sommeil, et les promenades sont bien supportées. Pendant la deuxième semaine, eau minérale plus active pour boisson : chaque matin, quatre verres eau *des Dames*; eau ferrugineuse aux repas.

Ce traitement d'une activité graduelle est continué pendant près d'un mois. Dans la dernière semaine, non-seulement le malade se porte bien et commence à se diriger sans conseils; mais tout son être est comme transformé. Il prend part aux excursions les plus éloignées de la station et compte au salon parmi les plus infatigables danseurs. On citait sa résurrection inespérée, son aimable et franche gaîté. Si tous ne profitent pas autant de nos eaux, au moins est-il possible à tous d'en faire un emploi aussi judicieux, et de s'appliquer avec avantage les bénéfices de *l'ex-voto* antique : LUXOVIO ET BRIXIÆ.

Autre exemple. Madame X., assez belle constitution, teint mat, tempérament lymphatico-nerveux ; inappétence habituelle, avec troubles digestifs. Diathèse urique accentuée ; souvent sable rouge dans les urines. Innervation, circulation et calorification très-irrégulières ; anémie ; caractère très-impressionnable, mobile ; souvent défaillances ; profond découragement. En somme : névropathie générale, goutte vague? anémie. — La malade est allée de consultation en en consultation et se dit incurable. Son indocilité est d'autant plus grande, que son état pathologique a été pris à différents points de vue et qu'on l'envoie à différentes stations, thermo-minérales ou hydrothérapiques.

Première semaine. Bain alcalin tempéré d'une heure, à 34°. Essai d'*eau des Cuvettes* en boisson, toléré. Quelques douches enveloppantes en *pluie-couronne*.

Deuxième semaine. Même bain, même température. Avant et après, un verre d'eau du *Grand Bain.* Douche générale en arrosoir. Eau ferrugineuse aux repas.

Troisième et quatrième semaines. Continuation du même traitement qui a été bien supporté. De l'acide urique a d'abord été rendu abondamment ; puis est survenu un furoncle qui a étrangement contrarié la malade ; mais l'état général était excellent, ce qui la rassurait. Enfin Madame X. a quitté Luxeuil, fort étonnée, disait-elle, de n'être plus malade, et surtout pleine de confiance. Revenue l'année suivante, elle s'est occupée de ses domestiques malades beaucoup plus que d'elle-même qui continuait à se bien porter.

Si nous cherchions d'autres exemples dans les cas les plus ordinaires envoyés à la station, tels que ceux de chlorose, avec ou sans névropathie générale ; de troubles menstruels ; d'affections utérines, etc. ; nous verrions qu'il en est beaucoup dans lesquels on trouve un incontestable avantage à ne pas commencer d'emblée le traitement ferrugineux ; qu'il en est même où l'action du fer est d'autant plus certaine et mieux tolérée que ce traitement alterne avec le traitement alcalin, notamment avec de grands bains de piscine, qui nous ont paru souvent le meilleur moyen de reposer des malades trop impressionnés par le bain ferrugineux. Nos observations nous fournissent, à ce propos, l'exemple suivant :

Mlle X., 19 ans, constitution faible, tempérament très-nerveux, intelligence cultivée. Formée à 12 ans, mais avec un flux menstruel d'abord excessif, suivi de dysménorrhée, elle a tantôt des palpitations, tantôt de la gastralgie, et lutte, avec une énergie peu commune en pareil cas, contre un état de chlorose des plus prononcés. Son teint est véritablement verdâtre.

Traitement antérieur : hydrothéropie, bains de mer, exercices gymnastiques, équitation, ferrugineux, antispasmodiques, tout a été mis en œuvre avec un succès douteux ou de peu de durée.

A Luxeuil, les premiers bains ferrugineux, quoique mitigés, semblent plutôt fatiguer la malade, augmenter ses douleurs et les troubles de circulation. Un bain de jambes à 40°, pendant que des lotions ferrugineuses sont pratiquées vivement sur les autres parties du corps, et ensuite une douche générale en arrosoir, sont beaucoup mieux supportés. Un certain bien-être s'ensuit. La malade consent à prendre trois bains de piscine sous les yeux de sa mère (*Bain gradué, case chaude*) ; l'eau ferrugineuse en boisson est dès lors mieux tolérée.

Pour la troisième semaine : alternance du bain de piscine de une heure et demie, et d'un bain ferrugineux de vingt-cinq minutes, suivi de la douche. Eau ferrugineuse, surtout aux repas.

Les douleurs ont à peu près disparu, le teint commence à prendre une coloration normale. La fonction menstruelle intervient sans peine, quoique modérée.

Après cinq semaines de traitement mixte, Mlle X. quitte la station dans un état qui laisse espérer un entier rétablissement.

Dans les trois types d'observations qui précèdent, on remarquera peut-être qu'il s'agit de traitements d'un mois environ de durée ; mais nous sommes loin de faire de cette condition une règle générale. Évidemment la mesure du temps est pour les malades toute relative ; à la rigueur même on pourrait dire qu'il n'y en a pas deux par saison, qui se trouvent également bien d'un traitement absolument identique.

Aussi, qu'on nous pardonne de nous élever contre l'usage assez ridicule des saisons de vingt-un jours, ni plus ni moins, qui se font assez généralement aux Eaux. Cet usage, fondé, dit-on, sur la doctrine un peu cabalistique des septénaires, n'est pas même aussi généralement ancien qu'on l'a prétendu. Montaigne, assez bien renseigné, puisqu'il avait parcouru les principales Eaux de son temps, nous dit au sujet de Plombières, et probablement Luxeuil était dans le même cas : *la coutume est d'y passer pour le moins un mois.* (1)

OBSERVATIONS SUR LE TRAITEMENT.

Les maladies traitées dans les stations hydro-minérales étant chroniques, c'est-à-dire un peu vagues et souvent complexes, il serait, on le conçoit, bien difficile de dire avec une certitude absolue où finit l'une, où l'autre commence, et de les classer toutes dans des cadres parfaitement définis. De là, une nomenclature quelque peu hésitante, qui laisse inévitablement à désirer. Il peut arriver même, dans cette pratique spéciale, que, faute de renseignements, la connaissance de la véritable cause première échappe à l'observateur le plus attentif, et qu'alors, pour les indications principales comme pour une formule arrêtée de diagnostic, on soit réduit à tirer de symptômes assez divers une sorte de résultante générale qui puisse guider le traitement. En cela, il faut le dire, le prati-

(1) Journal du voyage de Montaigne en Italie, par la Suisse et l'Allemagne, en 1580 et 1581.

cien qui reste chargé de l'application des eaux ne fait qu'obéir à une direction plus ou moins approximative, qui lui est tracée, quand elle a pu l'être, par les consultations remises aux malades par les médecins même les plus autorisés. C'est à lui de se tirer de là, et de son mieux, au profit du client. Évidemment, là comme ailleurs, le médicamment ne devient un agent curatif que selon l'usage qu'on en sait faire. Aussi n'est-ce-pas sans raison qu'on a souvent répété : tant vaut le praticien, tant vaut l'eau. C'est encore là qu'il ne faut jamais de routine ni trop de système préconçu, encore moins de ces médications à outrance, tantôt dans un sens, tantôt dans un autre, comme quelques-uns la pratiquent, sauf à tomber ensuite dans la confusion et l'incrédulité et à ne plus faire aux eaux que de la polypharmacie, comme cela s'est vu. Tout médecin d'eaux minérales bien avisé est nécessairement entaché d'un peu d'éclectisme, avant d'arrêter résolument telle ou telle forme de médication et de la suivre attentivement. Ajoutons que cette prudence est plus qu'ailleurs indispensable à Luxeuil, à cause de la diversité de ses eaux, les unes salino-thermales émanées du granit, les autres ferrugineuses et sorties des grès bigarrés.

Et cela bien entendu, il ne suffit pas, selon nous, pour mériter l'attention du corps médical, de retracer plus ou moins méthodiquement des observations cliniques. On sait ou on doit savoir tout ce qu'il y a d'élastique dans beaucoup de ces observations, trop souvent écrites au point de vue intéressé du praticien ou de la station. C'est même ainsi qu'avec l'autorité qui peut dépendre du mérite d'un nom connu, plus d'une erreur a pu se glisser dans la thérapeuthique comparée des eaux.

Mieux vaut encore, quoiqu'on en ait dit, la brutalité des chiffres. Une simple statistique, faite avec assez de liberté de jugement et où de faibles erreurs peuvent se compenser, donne au moins des résultats généraux dont il est impossible de méconnaitre la valeur. Le tableau qui suit, tiré de notre clientèle particulière en 1866, 1867, 1868 et 1869, est établi dans ces conditions.

MALADIES CHRONIQUES	RÉSULTAT DU TRAITEMENT					Nombre de cas.
	Guérison.	Grande amélioration.	Amélioration.	Légère amélioration.	Amélioration nulle	
Paralysie apoplectique	1	1	5	2	0	9
id. progressive	0	0	0	3	1	4
Myélite	0	0	7	6	2	15
id. (suite de fatigues)	1	0	0	1	0	2
id. rhumatismale	0	5	5	2	0	12
Eréthisme nerveux	1	2	8	1	1	13
Chorée	0	0	2	3	1	6
Epilepsie	0	0	2	1	0	3
Hypochondrie	0	9	3	5	0	17
Hystérie	0	1	2	0	1	4
Asthénie générale	0	0	4	0	0	4
id. (suite de typhoïde)	2	3	3	1	0	9
id. (suite de fatigues)	0	0	4	3	0	7
Névropathie générale	1	14	15	3	1	34
Névralgie faciale	1	0	3	3	0	7
id. intercostale	0	1	1	0	0	2

Névralgie sciatique	2	8	12	8	0	23
id. utérine	1	0	3	1	0	5
Migraines	1	6	5	1	0	13
Rhumatisme musculaire	2	12	9	3	0	26
id. articulaire chronique	3	8	15	3	0	29
id. gastro-intestinal	1	4	7	4	0	16
id. erratique	0	4	19	1	0	24
id. noueux	0	2	0	2	0	4
Pleurodynie chronique	0	1	0	1	0	2
Endocardite rhumatismale	0	0	2	2	0	4
Rhumatisme goutteux	0	2	3	3	0	8
Goutte	0	8	8	3	0	19
Gravelle	0	5	18	2	0	25
Diabète urique	1	1	0	0	0	2
Angine granuleuse	0	0	0	2	0	2
Gastro-entérite chronique	0	4	7	5	0	16
Dyspepsies diverses	2	7	27	6	0	42
Gastralgie	3	10	14	11	0	38
Entéralgie	0	3	5	5	0	13
Affections gastro-int. chroniques	0	0	1	2	2	5
Cachexie paludéenne et coloniale	2	2	4	3	0	11
Hépatite chronique	1	1	10	3	1	16
Hypertrophie de la rate	0	0	1	0	0	1
Asthme	0	3	3	3	0	9
Phthisie tuberculeuse	0	0	0	0	1	1
Catarrhe bronchique chronique	0	0	3	2	0	5
id. nasal chronique	0	0	2	0	0	2
Blennorrhagie chronique	0	0	2	0	0	2
Leucorrhée (simple)	1	7	2	5	0	13
Cystite purulente (suite de couches)	0	2	1	0	0	3
Affections utérines diverses	4	25	14	8	0	51
id. cancéreuses	0	0	0	0	4	4
Dysménorrhée	2	4	3	4	0	13
Aménorrhée	0	2	0	0	0	2
Accidents de ménopause	0	1	3	1	0	5
Anémie	1	17	18	6	1	43
Chlorose	0	2	11	4	0	17
Péritonite p[te] (suites de)	0	4	3	0	0	7
Entorses, luxations, fractures etc	0	5	10	0	0	15
Scrofules	0	1	3	1	0	5
Maladies de la peau	0	6	6	0	2	14
Résultats généraux	34	201	318	132	18	703

Dans ce tableau, on voit d'abord, abstraction faite de quelques malades qui ont pu se tromper de station, les maladies qu'un usage traditionnel incontestablement fondé sur l'expérience vulgaire amène à Luxeuil; ensuite, des chiffres propres à déterminer la valeur relative des résultats.

Ainsi ces maladies, s'il nous est permis de suivre ici tout simplement l'ordre indiqué par les chiffres, seraient : les affections utérines ; l'anémie ; les dyspepsies diverses ; la gastralgie ; les névropathies ; le rhumatisme dans ses différentes formes et ses différents siéges ; les névralgies, surtout la sciatique ; la gravelle, la goutte ; l'hépatite et les maladies gastro-intestinales chroniques ; l'hypochondrie ; différentes formes de myélite ; les paralysies etc. Si la proportion des paralysies n'est pas plus élevée, cela tient évidemment au voisinage des stations rivales : Plombières, Bourbonne et Bains.

Dans notre tableau figurent des affections qu'on peut voir, avec un certain étonnement, se présenter dans une même station. Mais il ne faut pas oublier que Luxeuil était déjà dans l'antiquité un double établissement, où sont, d'une part, des eaux thermales tenant dans leur nature la moyenne entre celles de Plombières et Bourbonne ; et, d'autre part, des eaux ferrugineuses manganésiennes, à demi thermales, et vraiment remarquables parmi les eaux ferrugineuses. S'il est arrivé trop souvent qu'on en confondit l'emploi, la faute n'en est pas à l'établissement, où les deux services ont un aménagement suffisamment distinct. Il est des cas cependant, et nous croyons l'avoir déjà démontré, où nos deux sortes d'eaux peuvent se prêter un secours mutuel, ce qu'indiquaient déjà les inscriptions antiques : *Luxovio et auxiliari Brixiæ.*

Examinons leurs résultats dans les principaux groupes d'affections notées dans le tableau.

1° Les maladies utérines ne sont guère envoyées à Luxeuil que lorsque leurs symptômes les plus graves : rougeurs, gonflements, granulations, ulcérations, ramollissements du col etc., ont déjà subi la médication locale la plus urgente. C'est alors que les bains et les douches, en équilibrant mieux et relevant les forces générales, et surtout que les irrigations internes prolongées, le plus souvent douces de température et de pression, ont un effet résolutif incontestable, si l'utérus est vraiment curable. Nous sommes convaincu que dans ces affections, assez communément, on se trouve bien d'un traitement gradué dans ses effets, du bain dit *alcalin* d'abord, et des irrigations avec la même eau, avant de passer au bain ferrugineux. Toute autre méthode de médication est assurément libre à Luxeuil. Mais nous ne pouvons nous dispenser de déplorer l'abus que certains malades y font du traitement ferrugineux, appliqué à outrance n'importe comment. Nous l'avons déjà signalé, ainsi que les fâcheux effets des températures variables autant qu'imprévues auxquelles on s'expose, en voulant faire du traitement avant tout une question de choix de beaux cabinets. Assez souvent il arrive que l'intervention d'un bain de piscine, avec sa régularité de température, est un excellent moyen de reposer les malades. Les chiffres du tableau semblent indiquer que cette méthode mixte et variant suivant l'indication du jour n'est pas mauvaise, quand les malades, mettant de côté toute prétention mondaine ou toute prévention, veulent bien s'y conformer.

2° Les dyspepsies, aujourd'hui si fréquentes dans les classes aisées, quelles qu'en soient les causes ou la forme, et bien entendu quand elles ne sont pas tout simplement un des symptômes d'une autre affection caractérisée, trouvent ici un très-notable soulagement ; et sous ce rapport, d'après notre expérience dans les deux stations, nous n'hésitons pas à mettre Luxeuil au-dessus de Plombières. C'est notamment dans les états atoniques que cette différence est bien accentuée. Sur 42 cas, 2 franches guérisons, 7 améliorations très-marquées, 27 améliorations et seulement 6 améliorations légères : ces rapports ne laissent pas de doute sur la valeur des résultats.

3° En même nombre viennent les cas d'anémie, que les sources ferrugino-manganésiennes notamment appellent tout naturellement à la station. La boisson ferrugineuse est là d'autant mieux absorbée que l'eau est d'une saveur atramentaire modérée ; quelque peu douçâtre même. Elle est tiède à la source et n'en pénètre que mieux, sans fatigue pour l'estomac, quand on en use avec discrétion. A table, elle est aussi d'un bon usage. On conçoit, dans ce traitement, où figure pour une grande part le bain ferrugineux, court et tonique, toute l'assistance qui peut être retirée des douches générales, d'une activité progressive, arrivant peu à peu à l'écossaise et faisant un appel énergique à la circulation capillaire. Dans les anémies simples, exemptes de toute cause organique apparente, nous constatons ici de remarquables résultats. Un seul insuccès complet, que nous avons noté, ne saurait entrer en ligne de compte, car il s'agit d'un malade arrivé dans un tel état de cachexie qu'il a succombé sans avoir vu l'établissement.

4° Sous le nom de *gastralgie*, en ne considérant que le symptôme tout à fait dominant, nous n'avons compris que ces états douloureux de l'estomac qui se montrent par accès, sans autre cause connue que le trouble nerveux. Comment les eaux de Luxeuil, soit salines, soit ferrugineuses, ont-elles dans la gastralgie un effet curatif incontestable, au moins comme les toniques et les amers ? Assez généralement alors nous conseillons un bain à température constante et assez prolongé, quelquefois même dans la case chaude des piscines du *Bain gradué*. L'expérience nous a démontré que c'est dans ces conditions que les névralgies cédaient ou pouvaient s'amender notablement.

5° Les névropathies générales qui figurent dans notre tableau ne sont évidemment qu'une sorte d'hystérie, occasionnant des troubles fonctionnels à siége très-variable. Cette forme de névrose se voit assez fréquemment à Luxeuil, et y reçoit, grâce à l'action tonifiante générale des eaux, un effet régulateur incontestable des fonctions du système nerveux.

6° Quant au rhumatisme, dans ses infinies variétés de forme et de siége, les bons effets du traitement qu'il peut recevoir aux eaux thermales de la station sont trop admis pour que nous y insistions. Mais ce qu'on peut remarquer, c'est que l'endocardite rhumatismale même a pu recevoir là quelque soulagement, à l'aide, il est vrai, de grandes précautions, dont la principale était de ne laisser le malade entrer en traitement, surtout au bain, que par degrés presque insensibles. Dans ces conditions, tous ont assez bien supporté l'épreuve. Néanmoins l'un d'eux a succombé l'hiver suivant. C'était un jeune homme vigoureux, se livrant avec la plus grande imprudence à toutes les fatigues de la chasse au marais.

7° Ce que nous avons dit du bain de piscine régulier, prolongé et un peu chaud, à propos de la gastralgie, s'applique pour nous au traitement des autres névralgies, notamment à la sciatique. Elle nous a paru quelquefois s'exaspérer dans les premiers jours ; mais, au delà, elle paraissait s'éteindre graduellement pour nous laisser des résultats assez remarquables. Même observation pour la névralgie utérine.

8° Il est un autre fait d'expérience qui avait attiré notre attention. Des goutteux, qui d'abord avaient une certaine répugnance pour le bain, ont parfaitement supporté la piscine, particulièrement celle dite *des Capucins*, qui est celle qui nous a paru leur convenir. Ils se sont généralement bien trouvés de notre eau salino-alcaline légère en boisson. Néanmoins, et quoique nous fussions déjà convaincu de l'efficacité du traitement de la goutte par nos eaux, ce n'est pas sans quelque surprise que nous avons constaté toute la valeur des résultats exprimés par les chiffres du tableau ci-dessus. Ceux qui concernent la gravelle et la diathèse urique nous ont paru venir en confirmation de la justesse de notre première appréciation. Dans ce cas, il est bien rare que nos malades ne rendent pas, après quelques jours, une notable quantité de sable ou de dépôt d'acide.

9° Le traitement de l'hépatite chronique nous a donné aussi, comme on peut le voir, des résultats satisfaisants.

10° Oserions-nous en dire autant à propos de la gastrite et de l'entérite chroniques ? Évidemment non. A nos yeux, Plombières ici reprend l'avantage. Une opiniâtre constipation nous a trop souvent gêné dans le traitement de ces affections à Luxeuil.

Quant à beaucoup d'autres affections, si l'on en excepte l'état catarrhal, la chlorose et tant de ces formes d'atonie qui reçoivent à nos eaux un assez facile amendement, nous nous garderons bien de les considérer comme étant appelées de droit à notre station. Quelques-unes peuvent y trouver sans doute, comme le dit notre tableau, un notable soulagement, mais bien d'autres eaux ne leur sont pas moins profitables. Bornons-nous donc à ce qui nous a paru le mieux caractériser le traitement le plus habituel dans notre station. Nous n'oserions affirmer cependant qu'on ne puisse trouver plus dans les observations de nos confrères; nous ne pouvons, quant à nous, dépasser les limites qui nous étaient tracées par notre propre expérience.

Luxeuil, imp. BONNET.

www.ingramcontent.com/pod-product-compliance
Ingram Content Group UK Ltd.
Pitfield, Milton Keynes, MK11 3LW, UK
UKHW021938200726
13855UKWH00007B/1483